AVESTRUCES

AVES

Lynn M. Stone
Versión en español de Elsa Sands

The Rourke Corporation, Inc.
Vero Beach, Florida 32964

CREDITOS FOTOGRAFICOS

© Stephen J. Krasemann/DRK Foto: tapa portada
© James P. Rowan Páginas 4, 7
© Lynn M. Stone: todas las demás fotos.

AGRADECIMIENTO

El autor desea agradecer a las siguientes personas por su asistencia fotográfica en la preparación de sete libro. Peter Arnold and The Ostrich Study Center, Punta Gorda, Fla; The San Diego Ostrich Ranch; The San Diego Wild Animal Park

Library of Congress Cataloging-in-Publication Data

Stone, Lynn M.
(Ostriches. Spanish)
Avestruces / por Lynn M. Stone; versión en español de Elsa Sands.
p. cm. — (Biblioteca de descubrimiento de aves)
Traducción de: Ostriches.
Incluye índice.
Sumario: Describe la apariencia, los hábitos, la anidación, la alimentación, la infancia y la importancia del ave más grande del mundo para los seres humanos.
ISBN 0-86593-197-6
1. Avestruces—literatura juvenil.
(1. Avestruces 2. Materiales en español.)
I. Título. II. De la serie de: Stone, Lynn M. Biblioteca de descubrimiento de aves.
QL696.S9S7618 1992
598.5' 1—dc20 92-9937
CIP
AC

TABLA DE CONTENIDO

LAS AVESTRUCES

El avestruz *(Struthio camelus)* es una de las aves más extraordinarias del mundo. Es el ave más grande del mundo y el único que tiene dos dedos en cada pata.

Son más altos y más pesados que jugadores profesionales de baloncesto. Los avestruces pueden medir hasta ocho pies de alto. Los machos pueden pesar más de 300 libras.

Los avestruces tienen alas cortas y blandas, y no pueden volar. Ellos dependen de sus piernas largas y fuertes para escapar de sus enemigos. Un avestruz puede correr casi 40 millas por hora.

El avestruz no tiene ningunos parientes cercanos. Sin embargo, tres otras aves altas, **no voladoras,** se parecen mucho al avestruz. Estas son el emú, el ñandú y el casuario.

Hembra *(derecha)* y macho de los avestruces

DONDE VIVEN

Los avestruces viven mayormente en el Sur y el Este de Africa. Les gusta los lugares secos y amplios donde pueden correr fácilmente y ver por grandes distancias. Los avestruces no oyen muy bien y no tienen buen sentido de olfato. Tienen vista excelente. El avestruz es un buen centinela para muchos otros animales de las **sábanas** o praderas africanas.

Aunque no es pariente del avestruz, el ñandú se llama "el avestruz de América del Sur." Las otras aves similares al avestruz, son el casuario y el emú que viven en Australia.

Un avestruz macho

COMO SON

El avestruz es un ave muy impresionante. Es tan alto que una persona de tamaño normal, necesitaría una escalera para mirar en sus ojos.

Su pescuezo es de casi cuatro pies de largo. Sus piernas son largas y desnudas. Su cuerpo está cubierto de plumas negras decorado con plumas blancas y plumosas llamadas **penachos.**

La hembra de las avestruces se parece mucho a su pareja, pero es más chica. Su **plumaje,** su abrigo de plumas, es gris-café. El macho y la hembra de los avestruces tienen ojos grandes y oscuros, con pestañas largas.

LOS HUEVOS DEL AVESTRUZ

El huevo de un avestruz es una maravilla. Usualmente pesa casi tres libras y puede tener ocho pulgadas de largo. ¡Con huevo de avestruz se puede hacer una tortilla de huevos del mismo tamaño que una hecha con una docena de huevos de gallina!

Los huevos de avestruz son de color crema. Sus cáscaras gruesas tienen bultos como la cáscara de una toronja.

Por miles de años los huevos de avestruz se han usado como decoraciones y aun como tazas para beber.

Los buitres egipcios tiran piedras para romper las cáscaras de los huevos de avestruz. ¡Los avestruces bebés tienen un problema diferente: tienen que romper la cáscara para salirse del huevo! Un avestruz bebé usa su pico y sus uñas para salirse del huevo.

Ñandú *(Rhea americana)*
de América del Sur

Emú
(Dromiceus novaehollandiae)
de Australia

UN DIA EN LA VIDA DEL AVESTRUZ

Los avestruces son activos durante las horas del día. Pasan mucho de su tiempo pastando con las cebras, jirafas, ñus azules y negros y otros animales.

Durante la temporada de anidar, el macho y la hembra del avestruz se turnan con la **incubación** o el mantener calientes a los huevos.

Antes la gente pensaba que los avestruces enterraban sus cabezas en la arena. Esto no es verdad, pero los avestruces que están anidando o durmiendo pueden poner sus cabezas y pescuezos aplastados contra la tierra. Cuando se ponen así es difícil verlas. De lejos, el avestruz parece haber perdido o enterrado su cabeza en la arena.

Un avestruz bebé durmiendo

LOS NIDOS DE LOS AVESTRUCES

Los nidos de los avestruces son agujeros someros en la tierra. Varias hembras de avestruz ponen sus huevos en el mismo nido. Cada nido de avestruz contiene un promedio de 40 huevos. Una sola pareja de avestruces incuba los huevos y un avestruz sentado sólo puede cubrir 20 huevos. El resto son empujados fuera del nido.

El avestruz macho incuba por la noche. La hembra incuba durante el día probablemente porque sus plumas de un color apagado le dan **camuflaje,** o la ayudan a esconderse. El plumaje del macho no le da buen camuflaje en la luz del día.

El nido de un avestruz

AVESTRUCES BEBES

Los huevos de los avestruces empollan seis semanas después que los ponen. Los pollitos son alejados rápidamente del nido por ambos padres.

Los pollitos de los avestruces miden un pie de alto al nacer. Comen mayormente plantas e insectos. Los avestruces bebés crecen casi un pie por mes hasta cumplir los seis meses.

Plumas de color gris dan camuflaje a los avestruces bebés. De todos modos, nueve de cada diez pollitos de avestruz son matados por **animales de rapiña,** animales que cazan otros animales. ¡Los avestruces pueden cumplir hasta 50 años de edad, pero pocos llegan a cumplir un año!

RAPINA Y PRESA

Los avestruces bebés son la **presa** o comida para muchos animales de rapiña—los chacales, los leones, los leopardos y otros animales que comen carne. Los avestruces bebés a veces son matados por animales de rapiña. Usualmente, los avestruces son demasiados alertos y demasiados ligeros para ser capturados.

Los avestruces adultos son muy fuertes. Cuando tienen bebés para proteger son animales muy peligrosos. Los avestruces enojados han matado a leones jóvenes con patadas.

Los avestruces mismos comen frutas, semillas, hierba, insectos, lagartos, víboras y animales peludos pequeños. Los avestruces en cautiverio se han comido monedas, relojes pulseras y hasta clavos.

LAS AVESTRUCES Y LOS SERES HUMANOS

Los avestruces han tenido importancia para los seres humanos por años. Hace miles de años, los avestruces fueron entrenados en Arabia, Egipto e India. Halaban carretas de carreras y hasta cargaban personas. La gente comía carne de avestruz y su piel se usaba para cuero. Sus huevos se usaban como comida, decoraciones y tazas.

En los últimos años de 1800, las mujeres usaban los penachos de los avestruces en sus sombreros. Las mejores plumas de avestruces costaban más de $500 por libra. La gente empezó a criar avestruces en sus haciendas.

Hoy los penachos y la carne de avestruz no están de moda. Los huevos y la piel—cuero—todavía tienen valor. Todavía se crían avestruces en algunas haciendas de Africa del Sur, Australia y los Estados Unidos.

GLOSARIO

Animal de rapiña—un animal que mata a otros animales para su comida

Camuflaje—la forma en que un animal se esconde tomando el color de lo que lo rodea

Incubar—mantener calientes a los huevos hasta que empollan

No volador—un pájaro sin la habilidad de volar como los avestruces y los pingüinos

Penachos—plumas largas, suaves y decorativas

Plumaje—el abrigo de plumas de un pájaro

Presa—un animal que es cazado por otro

Sábanas—áreas espaciosas y herbosas con pocos árboles; una pradera

INDICE